EAU POTABLE

SES DANGERS AU POINT DE VUE SANITAIRE.

MOYENS DE PURIFICATION.

FILTRES.

CONFÉRENCE

FAITE AU CERCLE MILITAIRE

Le Vendredi 30 Mars 1894,

aux Officiers de la Garnison de Lille,

PAR

le Docteur Henri COLLIN,

médecin major de 1re classe à l'hôpital militaire

LILLE,

IMPRIMERIE L. DANEL.

1894.

EAU POTABLE

SES DANGERS AU POINT DE VUE SANITAIRE.

MOYENS DE PURIFICATION.

FILTRES.

CONFÉRENCE

FAITE AU CERCLE MILITAIRE

Le Vendredi 30 Mars 1894,

aux Officiers de la Garnison de Lille,

PAR

le Docteur Henri COLLIN,

médecin-major de 1re classe à l'hôpital militaire.

LILLE,

IMPRIMERIE L. DANEL.

1894.

EAU POTABLE

SES DANGERS AU POINT DE VUE SANITAIRE.
MOYENS DE PURIFICATION. — FILTRES.

INTRODUCTION.

Messieurs,

L'épidémie récente de fièvre typhoïde à laquelle Paris vient de payer un lourd et nouveau tribut, a rendu à *l'eau de boisson* une actualité palpitante. Les sociétés savantes, et après elles la presse tout entière, lui ont donné une telle publicité que les profanes et les esprits forts de naguère eux-mêmes, ont dû, coûte que coûte, se départir de leur indifférence superbe, plus ou moins de commande, à l'égard d'une question dont les détails n'ont peut-être jamais été d'aussi commune notoriété que, depuis qu'en franchissant le domaine du Laboratoire ou l'enceinte de l'Académie de Médecine, ils ont pris une forme plus tangible pour tous, et partant plus susceptible de frapper les imaginations paresseuses ou volontairement somnolentes.

Dans ces conditions, le sujet que je me propose d'avoir l'honneur de traiter devant vous, aurait quelque chance de manquer d'originalité, et, bien entendu, d'intérêt, si je n'avais pris pour objectif, précisément à cause de son extension hors des limites *officielles*, quelques particularités de nature, soit à fixer davantage votre attention, soit à vous faire mieux comprendre comment il convient de concevoir, un peu plus exactement, en même temps que le rôle de l'eau dans la production de certaines maladies, les moyens pratiques à opposer à sa *nocivité* momentanée, en se tenant à l'écart des exagérations plus ou moins systématiques qui président au choix ou au rejet des procédés à employer dans ce but.

PREMIÈRE PARTIE.

NOCIVITÉ DE L'EAU POTABLE DANS CERTAINES CONDITIONS

Vous savez, comme moi, combien en hygiène l'eau est sujette à controverses. Les uns ne craignent pas, en ce qui a trait à l'étiologie de certaines maladies infectieuses, de charger l'eau de tous les méfaits. D'autres, au contraire, lui signeraient volontiers un « bill d'indemnité » qui ne tendrait à rien moins qu'à l'immuniser de la part qui lui revient dans la genèse et la propagation de quelques-uns des fléaux qui, d'une manière constante ou périodique, déciment l'humanité.

Eh bien ! Messieurs, il semble que de moins en moins il faille attacher à cette dernière conception l'importance qui lui a été, jusqu'à ce jour, attribuée par des esprits éminents, je m'empresse de le dire, mais peut-être un peu trop exclusifs, et dont un certain nombre déjà reconnaît dans l'eau la cause tout au moins prépondérante de maladies infectieuses, dont la nomenclature n'est sans doute pas bien longue, mais dont les effets sont autrement meurtriers que ceux des dynamitades anarchistes dont la dramatique mise en scène engendre cependant de bien pires épouvantes.

Donc, l'eau est parfois nuisible : c'est un fait, aujourd'hui, d'une banalité courante ; et j'ajouterai qu'elle l'est souvent dans des conditions qui nous touchent de trop près, nous autres militaires, pour que nous ne prenions pas à son égard, toutes les précautions dont l'expérience nous démontre chaque jour la pleine et entière efficacité.

Dans cet ordre d'idées s'impose la nécessité de *moyens de purification* qui, en immunisant l'eau de toute cause de dangers, mettent, par cela même, ceux qui sont appelés à la consommer, à l'abri de chances indéniables d'infection, dont vous connaissez assez les conséquences pour que je n'y insiste pas davantage.

J'ai nommé plus spécialement le *choléra* et surtout, au point de vue de sa fréquence, la *fièvre typhoïde* à laquelle nous payions jadis un impôt des plus sévères, qui s'allège, on peut dire, de jour en jour, grâce aux mesures prophylactiques édictées d'une façon permanente par la Direction compétente au Ministère, mesures rappelées et complétées au besoin par l'habile et prévoyante sollicitude de ses intermédiaires des corps d'armée. Parmi ces mesures, il convient de citer, en première ligne, la purification de l'eau de boisson.

En effet, Messieurs, quelque valeur qu'on attache aux arguments invoqués contre le plus ou moins de réalité de l'*infection spécifique* de l'économie par l'intermédiaire de l'eau, il n'en subsiste pas moins, par la consommation d'une eau *simplement souillée d'une façon banale, à plus forte raison quand cette eau donne passagèrement asile à des bacilles pathogènes*, il n'en subsiste pas moins, dis-je, un danger sérieux en rapport avec la persistance de ces souillures ou de ces germes, surtout quand il s'agit d'un milieu comme celui qui fait le sujet de nos observations quotidiennes, et dans lequel toute cause d'infection individuelle peut constituer, à un moment déterminé, un foyer de rayonnement dont l'influence nocive s'étendra à tout ou partie du groupe.

α) Par la prédominance de certains de ses éléments naturels, en particulier des *matières organiques*.

Je vous ai dit plus haut que rien que par la prédominance de certains des éléments qui y sont naturellement contenus, sauf quand il s'agit d'eaux *originairement pures*, captées, canalisées et collectées dans des conditions qui les mettent à l'abri de toute contamination, conditions, il est vrai, bien rarement réalisées, l'eau pouvait devenir dangereuse.

En effet, Messieurs, l'eau, à l'état de nature et abandonnée simplement à elle-même, l'eau, dis-je, vous le savez, renferme bien des choses : animalcules et plantes, *matières organiques*, micro-organismes, organismes vivants, etc., et il n'est, j'en suis sûr, personne d'entre vous qui, ayant eu l'occasion de contempler au microscope une simple goutte d'eau, n'ait reculé épouvanté à la vue de la véritable arche de Noé dont elle est le minuscule spécimen. Et cependant, telle qu'elle est, cette eau est celle que nous buvons le plus habituellement, celle que boivent *toujours* certains riverains dépourvus de sources et tributaires d'un cours d'eau dont aucun filtre, ni grand ni petit, n'épure le contenu ; et j'ajoute que, généralement, notre économie n'en éprouve ni le moindre dommage, ni le moindre trouble. Mais que certains d'entre ces éléments, innocents, je le répète, en petit nombre, viennent fortuitement à s'y rencontrer en quantité plus considérable, d'inoffensive qu'elle était, cette eau devient nuisible et ne peut plus être consommée sans laisser, dans l'organisme, des traces de son passage.

À leur tête et de beaucoup, se trouvent les *matières organiques, produits de décomposition*, ainsi que vous le savez, et qui peuvent, d'une part, être l'origine *d'embarras gastriques*, de *diarrhées*, *d'ictères*, parfois même *de véritables empoisonnements*, de même, d'autre part, qu'elles sont susceptibles, par leur action sur le tube digestif, de préparer la pénétration dans l'organisme *d'éléments étrangers pathogènes*, reconnus spécifiques de certaines infections, entre autres, la *fièvre typhoïde* et le *choléra*.

Vous voyez donc, Messieurs, que, rien que dans ces conditions, d'ordre essentiellement banal, *l'eau doit être purifiée*.

3) Par la présence accidentelle de *bacilles pathogènes*.

Mais il en est d'autres, auxquelles je viens de faire allusion, de beaucoup plus importantes, et qui créent, plus incontestablement encore, la nécessité de la purification de l'eau.

Ce sont celles qui nous mettent en présence d'une eau polluée, non plus, cette fois, par des souillures quelconques, mais par des éléments qui lui sont étrangers d'habitude et dont certaines circonstances y déterminent l'accès dans des proportions plus ou moins sensibles. — Ces éléments d'un autre genre sont les *bacilles pathogènes*, ces infiniment petits, ces *germes* des maladies infectieuses, *par lesquels s'opère la contagion*, et qui, par leur véhiculation au moyen de l'eau, par exemple, propagent au loin les affections dont ils étendent ainsi les ravages.

Vous n'êtes pas, aujourd'hui surtout, sans avoir entendu parler du germe de la fièvre typhoïde, du *bacille d'Eberth* (du nom de celui qui l'a découvert), et que je vous présente. Est-ce à dire, en ce qui a trait à ce vilain petit microbe, puisque c'est lui que nous prenons plus spécialement à partie en ce moment, qu'il ait le monopole exclusif de son affreuse besogne ? Non, Messieurs, et dans certaines conditions, mal déterminées encore, parmi lesquelles les matières organiques jouent un rôle prépondérant, il passe, en quelque sorte, la main à son cousin-germain, la *bacille du côlon*, le *coli-bacille*, comme on l'appelle par abréviation, bon enfant d'ordinaire et qu'à cause de cela nous hébergeons généreusement parfois en nous-même, à l'état normal, mais qui, pour la circonstance, se met à revêtir une virulence qui ne le cède en rien à celle de son estimable camarade.

Ainsi donc, Messieurs, de quelque façon qu'on envisage l'eau de boisson, soit souillée *banalement*, soit, au contraire, *spécifiquement* contaminée, elle constitue, dans ces deux manières d'être, un danger évident, à des degrés variables, il est vrai, mais enfin un danger réel, palpable, qu'il importe de conjurer par une épuration dont le plus ou moins de perfection devra se mesurer aux conséquences à redouter.

Causes secondes adjuvantes de l'infection en général, et de l'infection par l'eau, en particulier.

J'ai parlé plus haut de certaines conditions, *mal déterminées encore*, qui peuvent faire acquérir à un germe habituellement inoffensif, une virulence égale, parfois même supérieure à celle du germe spécifique en personne, et j'ai cité déjà, comme exemple, la présence dans l'eau de matières organiques en proportions quelque peu considérables. Il est encore, à cet égard, une catégorie d'autres causes dites *causes secondes* qui peuvent être, malgré l'euphémisme de leur appellation, parfaitement aptes, en réalité, non seulement à favoriser, dans une large mesure, l'éclosion de la maladie, mais même, ainsi que j'y ai fait allusion plus haut, et par un mécanisme de *transformation microbienne* imparfaitement connu jusqu'ici dans son essence, à la créer pour ainsi dire de toutes pièces.

Ces conditions, il convient donc d'en tenir le plus grand compte. Pour un groupe quel qu'il soit, ce sont : *la densité de la population, l'absence de toute précaution hygiénique* ; pour ce qui concerne plus spécialement l'élément militaire : l'*âge* de nos jeunes soldats, leur *inaccoutumance au milieu urbain*, et parfois *l'encombrement, le surmenage et l'alimentation insuffisante.*

L'an dernier, M. le Médecin principal Gavoy, dans une conférence dont quelques-uns de vous ont peut-être gardé le souvenir, vous a montré, par une série d'exemples, *un peu poussés au noir*, j'en conviens, mais en somme absolument authentiques, les effets désastreux de l'alimentation insuffisante ou défectueuse. Quant au *surmenage*, qu'il soit le résultat d'imprudences, bien rares à la vérité, ou qu'il se trouve être le produit de certaines circonstances d'absolue nécessité, ses conséquences pathologiques sont trop connues de vous pour que je m'y arrête davantage. Qu'il vous suffise de ne point perdre de vue que, *toutes secondes qu'elles soient ou plutôt qu'elles paraissent être*, ces causes jouent plus fréquemment qu'on ne pense, un rôle prépondérant ; que ce sont elles qui créent, tout au moins, cet état de *réceptivité*, c'est-à-dire *d'opportunité morbide* que revêt l'organisme, et qui fait de ce dernier un *milieu d'adaptation* pour les microbes pathogènes. Rappelez-vous enfin qu'il est constant de voir, parfois même rapidement, disparaître une épidémie quand, indépendamment de la prescription de certaines mesures ressortissant également à l'hygiène, ces causes ont cessé d'exister.

DEUXIÈME PARTIE.

MOYENS DE PURIFICATION DE L'EAU DE BOISSON.

Ce qu'il faut entendre par la purification de l'eau ; conditions dans lesquelles elle doit s'opérer.

Tout d'abord, Messieurs, que faut-il entendre par ce terme de « purification » ? Est-il aussi simple qu'il en a l'air, et n'est-il que l'expression d'un résultat unique, de nature à satisfaire toutes les exigences dans les conditions diverses où l'on se trouve en présence d'une eau plus ou moins suspecte ? Évidemment non ; il est, au contraire, complexe, et comporte, dans ses applications, des degrés dont il importe de tenir compte.

Une eau « pure », au sens vulgaire du mot, est loin de remplir le but qu'on se propose aujourd'hui à l'égard de la prophylaxie des maladies infectieuses dont la propagation est imputable à cet agent. Cette pureté, très relative, est celle que l'on se contentait d'obtenir autrefois avec les filtres de grès, au temps jadis de l' « âge d'or » des microbes, bien fini pour eux à présent, et où, jouissant, de par notre ignorance, d'une absolue quiétude, ils reconnaissaient du moins nos bons procédés à leur égard, en ne nous hantant point perpétuellement l'esprit comme ils le font depuis. L'eau était limpide, belle d'aspect ; on ne lui en demandait pas davantage, et l'on eût certainement bien surpris les ménagères d'alors si on leur avait dit qu'elles mettaient en carafes la fièvre typhoïde et le choléra.

Les découvertes modernes nous ont naturellement rendus plus exigeants, et cette exigence prend même, à l'égard des filtres plus particulièrement, de telles proportions que vous les avez vus, tout récemment, du haut de la tribune académique, condamner en bloc, comme si les microbes les traversaient avec la même désinvolture qu'un clown met à traverser un cerceau de papier.

Il y a là, évidemment, un excès de réaction sur lequel on ne manquera pas de revenir, la filtration, après tout, hors des périodes d'affolement, rendant encore de très appréciables services.

Quoiqu'il en soit, purifier l'eau n'est donc plus, au point de vue du résultat à obtenir, une opération aussi simple qu'autrefois ; et s'il est certaines catégories d'eaux, naturellement ou artificiellement « traitées » avant leur distribution, qui ne comportent plus, si je puis ainsi dire, aucune manutention, il en est d'autres qui, dans les conditions même normales, exigent une intervention reconnue aujourd'hui d'absolue nécessité.

Je citerai, en première ligne, *les eaux vulgaires, eaux de surface*, d'un ruisseau, d'une rivière, d'un fleuve, qui, suivant les conditions dans lesquelles elles sont utilisées, qu'elles servent de moteurs à une industrie qui y déversera ses déchets, ou qu'elles se transforment, dans leur parcours à travers une ville, en un réceptacle d'immondices de toutes espèces, sont livrées, sans aucune filtration préalable, à la consommation publique, et deviennent dangereuses pour ceux qui sont appelés à en faire usage. Je parle également des eaux *de puits et de citernes*, dont les réceptacles, imparfaitement étanches, deviennent, à un moment donné, accessibles à des produits de pollutions diverses (fosses d'aisances, fumiers, etc.), qui y sont accidentellement amenés à la faveur de fissures plus ou moins profondes, que la déclivité du sol favorise, et dont le trajet étonne bien souvent, par ses sinuosités et sa longueur, ceux qui sont appelés à les rechercher. — J'ai en vue, enfin, les *eaux de sources elles-mêmes* quand, par une circonstance fortuite mais inévitable (un débordement, une pluie d'orage de quelque durée), s'opère, entre elles et le contenu du cours d'eau voisin, ou simplement le sol environnant, un mélange, par l'intermédiaire duquel s'y trouveront introduites toutes sortes de souillures plus ou moins dangereuses.

Il n'est même pas besoin d'une des circonstances auxquelles je fais allusion, pour qu'une eau de source, réputée excellente, devienne subitement dangereuse. Ce qui vient de se passer à propos de l'eau de la Vanne, entre Sens et Paris, nous en fournit un exemple frappant ; et, sans être grand clerc en la matière, on eût pu, à coup sûr, prédire ce qui vient d'arriver si, en dehors de l'administration des Eaux, on avait su que, pour renforcer le débit de la source, on avait eu recours à des drains amenant de l'eau d'un peu partout, par conséquent dans des conditions essentiellement suspectes. C'était cependant bien assez, pour Paris, de ses affectations périodiques ou accidentelles d'eau de Seine, qui se chiffrent, vous le savez, par des augmentations correspondantes de la morbidité et de la mortalité, aujourd'hui surtout que, par l'habitude prise, par la population, de l'eau de source, elle a, pour ainsi dire perdu, en même temps que le bénéfice sanitaire de plusieurs années, son accoutumance au poison typhique.

Moyens principaux de purification. Je ne passerai pas en revue devant vous, Messieurs, tous les procédés d'épuration de l'eau de boisson. Ils sont nombreux et donnent, quand il s'agit surtout de la rendre *simplement potable*, des résultats satisfaisants. Tels sont *les procédés de fortune*, employés depuis longtemps en campagne, et qu'il faut bien se garder de dédaigner quand le temps ou les appareils font défaut pour recourir à ceux dont je vais vous entretenir.

Je ne m'arrêterai qu'aux deux principaux, ceux, d'ailleurs, que nous utilisons couramment dans l'armée, et qui ont pour but, non seulement de débarrasser l'eau des impuretés qu'elle peut contenir, mais encore d'en soustraire les germes morbides qu'elle renferme accidentellement.

Ces deux moyens, vous les connaissez, sont : l'*ébullition* et la *filtration*.

A. Ébullition. Vous savez évidemment, Messieurs, que la grande majorité des germes pathogènes ne résiste point à une température de 100°, à plus forte raison à une température plus élevée.

C'est un fait que nous mettons à profit dans nos *étuves*, en utilisant la vapeur d'eau, *avec ou sans pression*, pour la désinfection du linge, des effets, et, en général, de tout objet ayant subi une contamination dangereuse. C'est également de ce procédé que nous nous servons en portant à son point d'ébullition, ou plus ou moins au-delà de ce point, et en l'y maintenant, pendant un temps variable, une eau que nous savons contenir des matières organiques en proportions considérables, ou surtout des microbes pathogènes qui s'y trouvent momentanément incorporés.

Messieurs, il y a deux manières de concevoir et de pratiquer cette opération, suivant le but qu'on se propose.

α) Pasteurisation. Quand on ne vise particulièrement que tel ou tel germe que l'on a des raisons de croire contenu dans l'eau, on se contente, et il suffit, de porter celle-ci à son point d'ébullition et de l'y maintenir pendant une dizaine de minutes, lorsqu'on sait que le germe en question ne saurait y résister. C'est le cas du bacille d'Eberth qui n'a jamais résisté à 100°, ni même à 90°, pendant dix minutes ; c'est aussi celui du bacille virgule (Koch), auquel une température de 50° à 60° pendant 20 à 30 minutes est toujours fatale. C'est ce qu'on nomme la *Pasteurisation* qui, comme on le voit, en raison du but restreint qu'elle se propose, n'exigerait même pas, à la rigueur, pour le liquide soumis à l'expérience, une température de 100°. *On peut dire, en tout cas, que même simplifiée par les procédés que chacun peut avoir à sa disposition, cette manière d'opérer est suffisamment radicale pour neutraliser les microbes et mettre les quelques spores qui peuvent subsister dans l'impossibilité de nuire, surtout quand le liquide doit être consommé rapidement, dans les 24 heures, je suppose.* Les spores, dont il vient d'être question, ne sont autre chose, il est bon que vous le sachiez, que de *jeunes bacilles, des bacilles en voie de formation*, qui sont beaucoup plus résistantes que les bacilles adultes et qui, vous le concevez, si on leur laissait le temps de « se reconnaître » pourraient, en complétant leur évolution, paralyser, pour ainsi dire, l'immunité temporaire conférée à l'eau par l'ébullition.

ββ) Stérilisation. — Quand, au contraire, on a pour objectif de supprimer *tous* les germes que peut contenir un liquide, et en même temps les spores de ces germes, l'opération doit être plus complète. La température du liquide est portée, et maintenue plus longtemps, à un degré beaucoup plus élevé ; en outre, elle est pratiquée *sous pression* en vases clos. C'est ce qu'on appelle la *stérilisation*. Faite, comme je viens de le dire, sous pression, cette opération a l'avantage de conserver à l'eau son goût et sa légèreté. En effet, l'eau bouillie par les procédés simplifiés, est *lourde*, et, par la précipitation des sels qu'elle renferme normalement, *elle manque de saveur*. C'est à l'ingéniosité individuelle à remédier à ce double inconvénient ; je puis vous dire, toutefois, que, mélangée au vin, elle est très supportable, et qu'il n'y a, par conséquent, ni grande difficulté ni grand mérite à la consommer sous cette forme qui la rend, en somme, fort acceptable.

D'aucuns, même, prétendent que l'eau bouillie n'est indigeste *que par préjugé* : de fait, il est des personnes qui en font usage depuis plusieurs années, sans en être incommodées. Elle a, de plus, l'avantage d'être *diurétique* et d'être débarrassée de son excès de sels calcaires, ce qui, pour les eaux séléniteuses, est, on en conviendra, d'un très grand avantage.

En résumé, dans la pratique et pour une consommation courante, les procédés ordinaires sont certainement suffisants, en attendant que l'industrie mette à la disposition de ceux qui veulent mieux encore, des appareils portatifs, peu coûteux, et surtout... inexplosibles.

Aussi, *dans nos casernes, quand on aura quelques doutes sur le fonctionnement des filtres déjà installés, l'ébullition devra toujours être mise en œuvre ;* et j'ajouterai, sans cependant, comme on va le voir, enlever aux filtres les qualités dont ils ont fait preuve en maintes circonstances, mais afin d'accroître encore la somme de sécurité déjà acquise, j'ajouterai, dis-je, *qu'en cas d'épidémie et malgré les filtres, l'eau de boisson devra toujours être soumise à l'ébullition.*

B. Filtration. Est-ce à dire, Messieurs, en effet, que les filtres doivent être à tout jamais condamnés, et qu'il nous faille brûler aujourd'hui ce que nous adorions hier ?.... Certainement non, et quoi qu'on en ait dit, je le répète, dans un moment d'affolement, qui s'explique d'ailleurs par la soudaineté et la gravité d'une épidémie survenue en dehors des conditions habituellement *prévues,* les filtres ont encore du bon, sous la réserve, bien entendu, qu'on ne leur demande pas plus qu'ils ne peuvent donner, et surtout qu'on les entretienne dans l'état de propreté voulue pour en obtenir un fonctionnement réellement efficace. En un mot, ce qui était vrai *avant,* l'est resté *après...* ou ne l'a jamais été. C'est pour avoir voulu trop exiger des filtres, ou plutôt pour avoir pensé qu'ils pourraient trop donner qu'on se montre tout surpris aujourd'hui qu'ils n'aient pas tenu ce qu'on leur avait fait promettre, un peu témérairement peut-être. Il y a là une erreur qu'il importe de relever, autant pour notre propre sécurité, que pour justifier les dépenses considérables qu'a entraîné et que pourrait éventuellement encore entraîner pour l'armée, l'établissement de filtres tels qu'ils fonctionnent dans les Places dépourvues d'eau de source. La vérité est qu'aucun filtre n'est parfait, dans le sens absolu du mot. Evidemment, à n'en juger que par les réclames des intéressés, ils sont tous meilleurs les uns que les autres, et au dire des fabricants, il n'en est pas un seul (le leur, bien entendu), qui ne préserve de toutes les maladies. — Ce sont des exagérations familières à la publicité et dont il faut rabattre ; et si les médecins et les hygiénistes convaincus s'étaient, dès le principe, imbus de cette vérité, qu'en ce qui a trait aux germes entraînés par l'eau, *même filtrée,* c'est affaire de *qualité* beaucoup plus que de *quantité,* nous n'aurions pas à constater à présent, chez ceux dont l'opinion nous importe d'autant plus que c'est de leur côté que « nous prenons le vent », un revirement au moins apparent qui ne tendrait à rien moins, s'il était inexactement interprété, qu'à faire désormais reléguer tous les filtres, quels qu'ils soient, au Musée des Antiques, côte à côte avec les ustensiles de l'âge de pierre, par exemple.

La question se résume en ceci : Les filtres retiennent-ils les germes ? ou mieux : en retiennent-ils une assez grande quantité pour qu'on puisse considérer l'eau filtrée comme allégée d'une partie suffisamment appréciable de ceux qu'elle pouvait contenir ? A cette question, la réponse est à coup sûr affirmative, et l'on peut avancer que le meilleur filtre sera toujours celui qui en arrêtera le plus, abstraction faite de la *qualité* qui reste, comme je viens de vous le dire, la considération dominante.

En effet, Messieurs, *il y a germes et germes*. Nous ne sommes pas, Dieu merci ! en butte qu'à des germes *pathogènes*; il y en a de *bons* ou plutôt d'*indifférents*, et qui constituent, je m'empresse de vous l'apprendre, l'immense majorité de ceux qui nous environnent ou que nous détenons en nous-mêmes. Or, qu'il s'agisse de l'air, de l'eau ou de notre propre organisme, ces infiniment petits, subissent, eux aussi, en dehors de l'influence destructive, ou tout au moins retardante, dans l'air en particulier, de certains agents physiques, tels que l'oxygène, la lumière et la chaleur, subissent, dis-je, l'inéluctable fatalité de la guerre, et se livrent, en dehors comme au dedans de nous, à une lutte non moins constante qu'acharnée dont nous sommes, il est vrai, l'enjeu, et dont les chances, bonnes ou mauvaises, qui nous y attendent, sont liées infailliblement à celles des partis en présence. C'est, comme vous le voyez, en bas comme en haut de l'échelle, *la lutte pour la vie*, et la vie, dans l'espèce, la plus intéressée et la plus intéressante, c'est la nôtre, laquelle, fort heureusement, gagne plus souvent qu'elle ne perd, à ces combats dont nous n'avons pas conscience, et dont cependant l'issue est pour nous d'une si haute importance.

Enfin, Messieurs, il est une autre condition avec laquelle il nous faut également compter : c'est la *réceptivité*, condition toute personnelle, et qui crée, dans un groupe soumis à une hygiène, à un régime, à un travail identiques, cette immunité chez les uns, cette opportunité chez les autres, pour une circonstance morbide quelconque, réceptivité qui, ainsi que je vous l'ai dit plus haut, subit cependant l'influence de causes spéciales dont il n'est pas au-dessus de notre pouvoir, je vous l'ai dit également, d'éviter un certain nombre.

Vous le voyez, Messieurs, dans ces conditions, les filtres sont quelque peu fondés à en appeler de la condamnation si sévère qui vient de leur être infligée, et pour être aussi rigoureux qu'on puisse, à mon sens du moins, se montrer, je concluerai en vous disant :

« Continuez à vous servir de vos filtres, sous la réserve,
» bien entendu, que vous en prendrez tous les soins désirables
» pour qu'ils vous confèrent *leur maximum de préservation*.
» Toutefois, pour plus de sécurité, et au cas d'une épidémie
» d'une soudaineté et d'une intensité vraiment extraordinaires,
» faites bouillir votre eau, puisqu'il est démontré, et ceci sans
» aucune contestation possible, que l'ébullition seule prive
» l'eau de tous germes pendant un temps plus ou moins long,
» selon le procédé auquel on a eu recours, et que, seule, par
» conséquent, elle aura le pouvoir de donner l'immunité
» absolue, en ce qui a trait, du moins, à la propagation de
» l'infection par l'intermédiaire de cet agent. »

TROISIÈME PARTIE.

FILTRES

Messieurs, je serai bref dans la description des filtres que je me propose de vous présenter. Aussi bien, s'agit-il moins pour moi de vous en faire connaître les détails que de vous permettre de les apprécier au point de vue de leurs avantages et de leurs inconvénients respectifs, et aussi de l'emploi le plus judicieux qu'il convient, à mon sens, d'en faire dans l'armée.

A cet égard, deux filtres me semblent mériter, bien qu'à des degrés divers et dans des conditions différentes, la confiance qu'on est légitimement fondé à accorder à ce genre d'appareils; ce sont : *le filtre Chamberland*, d'une part, et *le filtre Maignen*, de l'autre.

A. Filtre Chamberland. A tout Seigneur, tout honneur. Voici d'abord le filtre Chamberland, du nom de son inventeur, ancien préparateur de M. Pasteur. C'est, comme vous le savez sans doute, le filtre *officiel* de l'armée, celui qui fonctionne dans la plus grande partie des garnisons n'ayant à leur disposition que de l'eau que l'on a des raisons de considérer comme suspecte. Il consiste essentiellement en un tube de porcelaine dégourdie (en Allemagne, il est en terre d'infusoires, analogue à celle qui sert à la fabrication de la dynamite) et qu'on appelle *bougie*, renfermé dans un manchon métallique portant à sa partie supérieure un pas de vis permettant de l'adapter à une conduite d'eau, et en bas, une ouverture pour laisser passer l'extrémité ouverte de la bougie appelée *téton*, et par laquelle sort l'eau filtrée.

C'est un filtre *purement mécanique.* Il agit, *avec ou sans pression,* par l'extrême ténuité de ses pores qui arrêtent à la surface de la bougie les corpuscules un peu volumineux et fixent les bactéries et leurs spores dès leur entrée dans les espaces poreux, pour ainsi dire, à fleur de la membrane filtrante.

Pour conserver l'intégrité de son fonctionnement, la bougie doit être, vous le comprenez, soumise à des nettoyages périodiques, dont le rapprochement sera nécessairement basé sur le plus ou moins de souillures de l'eau à filtrer et sur sa richesse connue, plus ou moins grande en *germes*. Je crois devoir vous rappeler ici que par le mot de « germes » il convient d'entendre *tous ceux, quels qu'ils soient*, que peut contenir l'eau, et vous devez vous souvenir, à ce propos, que les germes pathogènes, c'est-à-dire *nuisibles*, quand il s'en trouve, en constituent, en tous cas, l'infime minorité.

Ces lavages se font très simplement, en portant la bougie, sortie de son armature, sous un courant d'eau, et en enlevant, au moyen d'une brosse de crin (non d'une éponge dont l'asepsie est toujours suspecte), la couche limoneuse qui tapisse sa face externe, et qui s'en détache avec facilité. En temps d'épidémie, quand on a affaire à une eau particulièrement douteuse, et qu'on a lieu de supposer que les germes pathogènes ont pu *coloniser* dans l'épaisseur de la porcelaine, ce lavage doit être suivi d'une *stérilisation*. Elle s'obtient très aisément en plongeant les bougies, isolées ou en batteries, dans l'eau bouillante pendant 4 à 6 minutes. Dans ce but, on peut également utiliser l'étuve à désinfection, ou plus simplement encore un four de cuisine, ou enfin la flamme d'un bec de gaz ou d'une lampe à alcool.

Dans les conditions dont je parle plus haut, cette opération pourrait être pratiquée tous les quatre ou cinq jours — en temps normal, de loin en loin seulement, le lavage, fait deux fois par semaine, je suppose, étant suffisant en règle générale.

Il existe, depuis un peu plus de deux ans, un appareil spécial, *le nettoyeur André*, du nom de son constructeur. Cet appareil, non encore passé dans la pratique militaire courante, se compose sommairement d'un cylindre métallique renfermant un certain nombre de bougies concentriquement disposées. Autour de ces bougies, se meut, au moyen d'une manivelle, par rotation, et dans le sens vertical, un système muni de demi-rondelles de caoutchouc, lesquelles nettoient à frottement, grâce à un mouvement hélicoïdal à spires très serrées, la surface extérieure de la bougie. Conjointement avec les rondelles de caoutchouc, un mécanisme spécial permet à des jets cinglants d'eau non filtrée, de venir frapper cette même paroi, et d'enlever les impuretés détachées par les rondelles.

Les bougies peuvent également être stérilisées sans qu'il soit besoin de les sortir de l'appareil.

Quand un filtre Chamberland a été stérilisé, il donne, pendant plusieurs jours (cinq, huit, dix jours), *une eau absolument privée de germes* ; et quand il est bien soigné, dans la pratique ordinaire, le nombre des germes est, en général, *inférieur* à 60 par centimètre cube, c'est-à-dire que l'eau filtrée par les bougies Chamberland, a une teneur en germes inférieure à celle de la Vanne....... avant sa contamination.

Le filtre Chamberland, d'une manière générale *n'enlève à l'eau aucune substance dissoute, pas plus qu'aucun goût particulier, ou aucune odeur qui s'y trouveraient éventuellement préexister.*

Ce n'est pas, évidemment, le cas des eaux auxquelles nous avons habituellement affaire dans la pratique courante ; c'est donc, en ce qui nous concerne, dans les conditions normales tout au moins, une lacune sans importance. Les qualités maîtresses de l'eau de ce filtre qui se prête, d'ailleurs, à l'utilisation ménagère, sont *sa parfaite limpidité et sa pauvreté en germes*. Ces qualités justifient pleinement l'usage qui en est fait, ainsi que je vous l'ai dit plus haut, dans une grande partie de nos garnisons, et, par conséquent aussi, les installations prescrites, actuellement encore, au fur et à mesure que les circonstances en démontrent, où que ce soit, la nécessité.

B. Filtre Maignen.

Le filtre Maignen, que je vous présente, est un filtre à la fois *mécanique et chimique*, mais cependant beaucoup plus chimique que mécanique. Quelles que soient les formes qui lui aient été données en raison de la grande diversité de ses adaptations, il se compose essentiellement :

1° D'un feutrage d'amiante, imputrescible et inattaquable, qui sert de support à

2° Un réseau de particules d'un mélange de charbon et de chaux (carbo-calcis), suffisamment ténues pour constituer, grâce à sa très fine porosité, une surface filtrante appréciable. Ce mélange est de deux sortes : l'une forme une poudre extrêmement fine ; l'autre est, au contraire, granulée. La poudre, préalablement délayée dans de l'eau, est déposée directement sur l'amiante ; les grains sont versés, tels quels, dans l'appareil, de manière à recouvrir l'amiante. L'eau à filtrer a donc à traverser successivement : 1° la poudre granulée, qui ne la retient que peu de temps et la débarrasse de ses impuretés les plus grossières ; 2° la poudre fine et l'amiante qui formant, comme je l'ai dit plus haut, la vraie paroi filtrante, arrêtent au passage les germes qui se déposent à sa surface.

Son nettoyage est simple. On vide la poudre granulée qui peut être utilisée à nouveau après lavage et séchage ; l'amiante, portée sous un courant d'eau, est débarrassée de la poudre fine qui la recouvre, et, pour plus de sécurité, passée à l'eau bouillante, ou mieux encore flambée, cette substance étant, ainsi que vous le savez, incombustible. Ce nettoyage se fait de trois à six fois par an, suivant la qualité de l'eau soumise à l'épuration.

Je vous ai dit, Messieurs, que le filtre Maignen est plutôt un filtre chimique. En effet, *il débarrasse l'eau des matières organiques*, ce que fait aisément constater l'épreuve du permanganate de potasse. De plus, *il retient les sels de plomb et de cuivre*, ce dont les réactions spéciales permettent également de s'assurer.

Au point de vue bactériologique, je ne vous cacherai pas qu'il a été très diversement apprécié, les uns (dont l'inventeur, bien entendu) lui conférant la suprême puissance en ce qui a trait à la rétention des germes, les autres lui refusant, à cet égard, tout pouvoir.

Pour moi, tout en pensant que la vérité réside entre ces deux affirmations extrêmes et contradictoires, je m'abstiendrai de prendre part au débat, et surtout de vous le présenter comme un filtre d'absolue sécurité à ce point de vue.

Toutefois, pour être complet, je dois vous dire que, depuis quelques années, M. Maignen a composé une poudre faite de carbonate de soude, de chaux vive et d'alun, jouissant, à l'égard des eaux séléniteuses, d'un pouvoir éliminateur incontestable, et que, en raison de cette action, il nomme « anticalcaire ». Ce mélange qu'il suffit d'incorporer à l'eau, dans des proportions variables suivant qu'elle est plus ou moins chargée en sels de chaux, serait également, d'après lui, « antibacillaire ». Des témoignages sérieux et authentiques, entre autres celui de M. le médecin-major de 1re classe Burlureaux, professeur agrégé au Val-de-Grâce, sont favorables à cette affirmation.

Quoi qu'il en soit, je préfère m'en tenir, jusqu'à plus ample informé, à ce que je vous ai dit plus haut, à savoir que *le filtre*

Maignen arrête les matières organiques en suspension et en solution, ainsi que le plomb et les autres poisons métalliques. Il enlève, de plus, à l'eau tout goût de moisi ou de pourri, ce que ne fait pas, vous vous en souvenez, le filtre Chamberland. Ces propriétés me paraissent suffisantes pour m'autoriser à vous le recommander comme un excellent filtre d'*épuration courante*. On n'a pas toujours affaire, Dieu merci, à une eau infectée de germes pathogènes ; c'est même l'exception ; et en campagne, situation que je veux spécialement envisager ici, le problème à résoudre consiste, avant tout, à permettre au soldat de boire la première eau venue, celle qui se trouvera sur son chemin, eau de rivière, de ruisseau, de puits, de mare au besoin, sans qu'il soit obligé de s'arrêter, pour ainsi dire, ni, sous prétexte de sécurité, ou simplement pour la rendre potable, de recourir à l'ébullition qu'on ne sera pas toujours à même de pratiquer. Or, quelles que soient ses indiscutables qualités et quelque soin qu'on en prenne, le filtre Chamberland n'est et ne peut être qu'un filtre *fixe*, à employer sur place, en raison des nettoyages fréquents dont il doit être l'objet et de la grande fragilité de sa bougie, dont l'intégrité absolue est la condition « *sine quâ non* ». De plus, il ne saurait donner en peu de temps une quantité d'eau suffisante pour la consommation de toute une troupe ; et, sans vouloir faire ici d'autre procès que celui de l'impossibilité où il s'est trouvé souvent, dans les conditions dont je parle, de satisfaire à toutes les exigences individuelles, il me serait facile d'invoquer maints témoignages, des plus humbles, il est vrai, attestant que, dans les expéditions lointaines où il a été employé, il n'y avait pas d'eau filtrée *pour tout le monde*.

Le filtre Maignen, au contraire, réduit, bien entendu, comme propriétés, aux proportions que je vous ai dites, et dans les circonstances que j'ai spécialement en vue, me paraît, par la commodité des formes auxquelles il se prête, par la simplicité de son nettoyage et de son chargement, par la rapidité relative de son fonctionnement, compatible cependant avec une bonne filtration ; enfin par la solidité de ses éléments, le filtre Maignen, dis-je, me paraît de nature à combler cette lacune.

Je vous présente ici le filtre « du soldat », boîte cylindrique en métal, très portative comme vous voyez, munie d'un long tube de caoutchouc par où se fait l'aspiration qui assure l'écoulement de l'eau filtrée. Il pourrait aisément devenir filtre « individuel » à l'égal du paquet de pansement du même nom. Je mets aussi sous vos yeux le « filtre d'escouade » plus simple encore, renfermé seulement pour le transport, dans un étui imperméable et qui, comme le précédent, muni d'un tube, peut, par son développement plus grand, une fois plongé dans un récipient rempli d'une eau *quelconque* et placé à une certaine hauteur, alimenter un plus grand nombre d'hommes.

Ces filtres, d'ailleurs, ont déjà été utilisés tant à l'étranger qu'en France, tant en campagne qu'en temps de paix. Je me contenterai de vous communiquer l'extrait ci-après d'une lettre qu'a bien voulu m'adresser, à leur propos, sur ma demande, notre distingué camarade, M. le médecin-major de 1re classe Duléry, qui a eu l'occasion d'expérimenter dans le département d'Eure-et-Loir, pendant les manœuvres d'automne de 1892, au 102e de ligne et avec grand succès, le filtre d'escouade et le filtre individuel dont je viens de vous parler.

« Nous n'avions à boire, m'écrivait-il, par suite de la grande
» sécheresse de l'été précédent, que de l'eau de mare, pleine de
» matières organiques en décomposition, dont les chevaux ne
» voulaient même pas, et qui, *bouillie*, n'en conservait pas
» moins un goût de moisi qui rendait le café imbuvable. » Il ajoute : « Les diarrhées commencèrent à sévir et à devenir
» très intenses. Or, toutes les compagnies qui purent faire
» usage de l'eau filtrée, restèrent indemnes, les autres eurent
» de nombreux malades. Sitôt que le régiment fut entièrement
» pourvu du filtre d'escouade, il n'y eut plus de malades. »

Or, Messieurs, n'est-il pas évident que ces conditions d'une eau banalement souillée, mais parfois, comme on vient de le voir, à un haut degré, sont celles qui peuvent se rencontrer le plus communément en campagne, et n'est-on pas, dès lors, fondé à attendre des mêmes moyens des résultats identiques ?

Je m'en tiendrai à l'exemple que je viens de citer : aussi

bien, il me semble typique, tant par l'authenticité des faits qui le constituent que par l'analogie qu'il offre avec les conditions éventuelles de la guerre.

Il est bien certain, toutefois, que si ces conditions se modifiaient, et que si, dans un camp, par exemple, ou pendant un séjour de quelque durée sur le même emplacement, une épidémie, dont la propagation serait imputable à l'eau, venait à se produire, il est bien certain, dis-je, qu'abstraction faite des autres mesures qui pourraient être prises, les moyens de préservation à employer vis-à-vis de l'eau de boisson devraient subir un changement en rapport avec la gravité de la situation. Dans ce cas, le meilleur, et, à n'en pas douter, le plus efficace, serait, vous le pressentez déjà, *l'ébullition*.

www.ingramcontent.com/pod-product-compliance
Lightning Source LLC
Chambersburg PA
CBHW070454080426
42451CB00025B/2731